만인시인선 · 51

다시 고령을 그리다

이하석 시집

다시 고령을 그리다

만인사

자서

만인사의 박진형 형이 시집 『만인시인선』을 기획하며 각별히 권유해서, 급히 예저기 흩어진 원고들과 나의 시집들 가운데서 고향 관련 시들을 뽑아내어 엮어 냈던 게 15년 전이다. 그걸 많이 뜯어 고친 데다 20여 편을 더 보태어서 다시 낸다. 개칠한 듯 개운치 않지만, 그나마, 화해와 그리움의 말들로 엮어진 듯하여 뭉클한 마음은 있다.

73세 되는 해 초여름에
이하석은 쓴다

차 례

1. 더 까르륵대는 연애소리 곁에서

2. 딱새도 은구름도 지붕 우에 앉는

3. 강이 강을 만나 서로 격렬하게 껴안는

4. 구 시첩

차 례

5. 나의 기척에 천둥소리를 내며

6. 깎은 장승이 또 일어서네

| 시인의 산문 |

1

더 까르륵대는 연애소리 곁에서

대가야의 봄

가야산은 푸른 화염

그 산기슭들마다 고령을 앉혀놓고

그 군불로 지펴서야
저마다 맞게 앉힌 논들의 물꼬로 흘러드는 대가천의 맘들이
밥물처럼 끓는다

그 뜨신 밥상 둘러앉으면
대가천 유상곡수의 술잔도 떠온다

사랑이 지핀다면

사랑이 지핀다면 그 불의 마음은
큰 강도 쉬 사문진 건너버리지

성산들 오롯이 더듬어
의봉산 골짜기 난 길
두근두근 달리지

사랑이 지핀다면 그 바람의 마음은
줄곧 운수면으로 불지

화암들 적시는 대가천 여울에선
물살 거치른 사투리로만 암호를 대지

그렇게 귀향은 불과 바람의 통과의례

꽃질마을 열고들어,
묵은 소문의 골목들
데레, 신문新聞같이 떠들썩 열어보이지

밤손님

누가 밤새 문고리 흔드나 했네

새벽에 나가보니
뜻밖, 눈 세상이네

눈이, 오셨구나
그래, 산 내려왔다 되돌아간
발자국들 있네

밤이면 집지킴이 산 내려온다며
모란 이불 감싸주시던 할아버지는
산으로 돌아가셨는데,

할아버지의 풀린 대님 같은
산길의 잔 꼬리 하나
하얀 그늘 드리운 채 삐죽 나와 있네

가야 소녀*

둥근 얼굴, 큰 눈망울
휘부윰한

현호색 꽃 두텁 땅 껍질 뚫고 나오듯,
제비꽃 묘역의 그늘 제치고 피어나듯,
민들레 낮은 땅의 기억들 해마다 새로 밝혀 들듯

뼈만으로 발견됐지만

과학적 상상력으로 온몸의 살이 붙여져
새로 뜬, 봄그늘 깊어진 눈길이

내 눈과 맞추어질 때

아는 소녀가, 여전히,
천 년 너머로 작은 꽃다발처럼
내게 오는 것이다.

*옛 가야 땅인 창녕 송현동의 15호 고분에서 발굴된 순장유골 중 하나를 2007년 복원하자, 16세 소녀의 앳된 모습이 드러났다.

대가천의 은어처럼

귀향의 생태여

환히 역류하는 본능의 응시로 직진을 잡아

상류로 언어들의 어군魚群이 되어

시를 해산解産하고

죽으려고

물살의 햇빛에 어룽지며 올라간다

고령의 가을

구절초 꽃등들 켰네

가야 무덤들 뒤란에
숨은 채 더 까르륵대는 연애소리 곁에서

용담 꽃들도 트느라
바람 테 감네

향수

내 몽니로 문지르던 노을빛의

연軟 서정의 강물

그 빛깔로 사무쳐서
거슬러 올라서
귀향 의지를 다그쳐야겠다

그래 그 바알갛게 상기된 여울들
여전히 어리디 어린
내 설화들만 중얼거리겠지

2

딱새도 은구름도
지붕 우에 앉는

우륵

가야 오란다

소가천 대가천 만나면
구불텅
여울로 궁궁거린다

그런, 가야금 줄 고른 흥 세월로
지금 나무도 풀도 새잎 돋는데

사랑이라면
어련히 아는 산과 들도 더 잘 짚어서
볕든 길도 한 가락으로 엮어
옳게 땋아내어서

맞는구나

우륵우륵 감는
산조줄이여

가람댁

꽃 하얘도
익은 딸기는 새빨갛지

고를 수 없는 두루 고운
하트형의 과일들

달고 달지

당연하지 그 맛에 덜컥, 사로잡혔지

사랑이여 강 건너 시집와서
새 물꼬 넉넉히 틔워
비로소 딸기밭도 한창 더 가꾸어내는
가람댁이여

개포나루

나룻배로 멀리 실어 와서
하역한 마음들은
모두 팔만대장경

그 질펀한 삶의 독경讀經의 길들
사방 뻗쳐
고령 이루었네

그 중 한 자락은
뉘든 제것으로만 가만 모셔졌다가
문득 딱새도 은구름도 지붕 우에 앉는
가야산 해인사 장판고로만 치닫는다네

봉화산

불길은
화르르화르르
모진 사랑 소문으로 지펴져서
쉬 천리를 이어간다네

화급火急일 망정
내 마음부터 지레 구물구물 지펴보인다네

사망정四望亭

동으로 비슬산 서로 가야산 남으로는 낙강 북으로
넓은 들

사방 언제나 한결 열어놓았네

그런데 나는 그 강 언덕에서
누굴 바라 발 뒤꿈치 마저 세우노?
하늘로 물알로 해서 팔방을 더 내다보노?

개실마을의 봄

나비가 내 건너오네*
당연히, 꽃 찾아드는 거라면,

당연히

민들레처럼, 그 나비 맞으러
옹기종기 고가들 피어있네

화창한, 그런 기운으로만 덖어대는
김종직이 내다 편 골짜기

*개실마을은 꽃산〔華山〕으로 둘러싸였는데, 마을 앞 내 건너에 나비산이 있다.

주산 1

옛 무덤들 봉우리 봉우리 되어 솟구쳤어도
대가야읍 사람들 늘 제 삶으로 그 키 더 돋우어서
우러러 부르는

산

뭐든 칭얼대며 딸아내려서
사람들의 골목길과 새로 잇대는

산길들

고령아리랑*

1
가야금 홍타령 구비야 감돌아
덩더꿍 이 마음 자지러진다

2
대가야 역사는 천년에 이르지만
그대 맘 훔치는 건 하룻밤 일이로세

3
고운님 오시네 아리랑 고개로
대가천 건너서 달빛 밟고 오시네

4
그대와 더불어 백년을 가야겠네
한 마음 이어다져 천년 터를 일구세

*이정호가 작곡한 「고령아리랑」의 노랫말

미숭산

사월봉四月峰* 짚으면
한결, 떠들썩한
봄바람 문답

문수봉*에서 대답을 벼르다가
미숭산 꼴깍, 넘어가버린 이여

누가 남아서
굳이 숲길의 지도만 더듬니?

뒤 좇을 길마저 놓치면
산꼭대기에 이른 내 바람도
하산 길로만 비탈질 뿐

*사월봉과 문수봉은 미숭산의 산봉우리들이다.

3

강이 강을 만나
서로 격렬하게 껴안는

회천

많은 이들 모여 떠들어대며 한 길 잡는 것도 바른 길일 테지만, 긴 다리로 제 역정 지긋이 누른 채 학이 고기 잡는 큰강으로 갈대 뿌리처럼 가만히 합류하는 회천의 길도 바릅니다.

안림천

쌍림숲에는
무슨 사람들 이야기 무슨 닭울음이
그리 많이 자라는지
안림천 여울 늘 왁자지껄 하네

그 소리 달래고 어르며
새벽부터 사람들 자기 논으로 제 마음 밭으로
끌어들이네

그 물이 벼 키워놓고
농악으로 흥 난 이들 그림자 담아
무지개로 도로 물꼬 빠져나가서야
비로소 한결 더 큰 내 이루네

붉은 모래

강이 강을 만나 서로 격렬하게 껴안는
저 객기와 율지* 사이의 모래 톱에서
종일 떠돌던 왜가리들
노을에 얼굴 붉히며 날아가고

왜가리가 밟다 엉켜
남겨놓은 희끄무레한 물길들을
갈대들이 바람에 빗어
가지런히 또 흘려보낸다

물에 빠진 마음 미처 건지지 못한
강가에 배 매는 김씨의 얼굴도
노을에 잠깐 붉그레하다

*고령의 회천이 낙동강과 만나는 곳에 있는 두 마을

대가천 같이

햇빛에 번쩍이며,
쉬 여울지네

감자꽃 핀 자리 감돌아 흐르는
강물로, 그 물 끌어들이는 논의 물꼬로
되 지피고 새로 돌아오는
삶 자락들

환하네

고령 사람들이 트는 그 물꼬는
대가천 진행進行의 옳은 대답일 뿐
어떤 질문으로도 가두거나
이지러뜨리지 못 하네

어무이 말씀

시상*에는 꽃질**만 있능 기 아인기라
돌질도 가시질도 우짜든동 비키지 말거래이

니는 말하는 기 시인이다만
시인이라고 딴말 할 수는 없는기라
저 들판 담을 그릇 살 돈도 벌어가믄서 해야제

우짜겠노
내사 또 한 입으로 두 말 했뿌렀네
그러타고 둘 다 틀린 말 아이끼네
다 니가 알아서 할 일이제

*'세상'의 사투리
**꽃질 : 내 고향마을 이름. 화곡(花谷)으로 불렸다. '질'은 골을 뜻하지만, 이 지역에서는 길을 '질'이라고도 한다.

꽃질

성주서 시집 온 마산댁*은
아버지와 천둥치며 날 만들어
꽃질 들 가에 새로 세워놓았지요

오래된 솔 숲 마을은
너른 들로 그 소문 열어놓았는데
엄마가 팔아** 나를 산 대가천이
그 들 휘감아 안았지요

*나의 어머니 택호
**이곳에서는 애를 낳으면 물(용신)이나 바위(산신)에 먼저 파는 습속이 있다.

삽을 가시네

앞 뒤 꽃질 감돌아
두 개울 만나
도란도란 들로 해서 대가천 드는데,

평생 논농사로 기척해온 고지기 아제가
오늘도 동네 앞 솔숲의, 들로 흘러드는 물꼬 문질러
신새벽의 삽을 가시네.

금산재*

고갯마루서 올려다보면
푸른 불꽃 가야산 아득히
날 지피네

내려다보면
휘감도는 대가천이
엄마 부르는
내 이마 밝게 쬐네

내가 아버지 따라
밖으로 빚어낸 길도
되돌아 고개 넘어와서야
환하곤 했네

*성산면에서 대가야읍으로 드는 고개.

대가천

바람 부는 흙 안
마른 꿈속으로
강물 흐릅니다

돌에도 신명 스미는 바람
강가에서 젖 먹이는 어미가
시나브로 그 바람 달랩니다

그 바람 타고
아들이
아비의 여울을 건넙니다

푸른 길

고향 어귀에서 나물 캐는
저 할머니

순천 박씨인가?

그렇다면 그녀는 내 어머니

향기 푸른 어둠 속으로
먼 여행 떠다니는 내 그림자 캐는
그녀는 세상의 길 타고 앉은 햇빛 짐승

모든 길들이 어머니의 산밭을 돌아가네
바람은 그 길 모퉁이에서만 회돌이치네

내가 밟는 길들의 힘줄 팽팽한 건
돌아오라고 어서 더 나가라고
어머니가 길 끝을 당기기 때문이네

성묘

할아버지 묘, 곁에 아버지 묘, 지나 파란 불로 타오르는 가야산 보며 능선 넘어, 그 아래 파란 물 흐르는 골짜기에 할머니 묘……

또 봄이 와, 여름에서 가을까지 이곳에는 며느리밥풀, 산비장이, 산꼬리풀, 등골나물, 냉초, 구절초, 개시호, 수리취, 잔대, 마타리, 바디나물, 뚝깔, 패랭이꽃, 쉽사리, 집신나물, 층층이꽃, 털동자, 할미, 비비추, 애기원추리, 솔나물, 꿩의다리, 바위채송화가 어우러지네

애고애고, 그런 선산 후산이 내겐 바랜 사진의 아버지의 아버지의 아버지의 표정으로, 여전히, 물끄러미, 피어올려지네

알터

칠월 백중날
바위에 새겨놓은 해*처럼 둥글게
눈 부릅뜬 나무 장승 부추겨
피 묻은 황토밭 여네

꽹가리 소리로 장승 세우네
냇물이 들 씻는 데로 흥 드러내는
사람들이 세우네

먼 옛날 여기서 대가야 멸망한 날 있었어도
더 큰 장승 세워놓네 그 기운으로,
다시 깨밭도 수퍼도 농협창고도
제대로 한 끝발 날리라고

*알터 암각화에는 해처럼 둥근 무늬들이 새겨져 있다.

대가야인들

들판이든, 노래방이든, 달리는 관광버스든 흔든다.
마이크에 들이대는 부풀어오른 붉은 입술들의,
술 센 노래들.

대가야인의 후예라 할 만하다.
들판 열던 아버지의 힘과 악착을 그들에게서 본다.
철광 불꽃 지펴내던 풀무 소리 내며,
가야금으로 추스르던 어깨춤 그대로
어디서든 들썩대며 노래로 삶의 텃밭 갈아엎는다.

변한 땅 지킴이의 맏형이었던 때
낙동강과 남해 접고 누볐던 그 기운 여전히 뜨신 몸으로 출렁대는,
자욱한 노래와 춤이 신록처럼 대가천 여울처럼 왁자지껄하다,
옛날 가야산신과 하늘신이 맺어냈던 조상의 큰 혼인 때처럼,
수시로 서로 불러내어 약주 기운으로 얽혀서.

실향민 박씨의 말

—"우표는 얼마든지 붙일테니, 내 고향에 이 편지 좀 부쳐 주시라요"라는 말에 마음이 동하여

붉은 색 칠하든 푸른 색 칠하든
내 고향은 거기 여전히 밭가는 곳
그 하늘은 검고 땅은 누렇소

고령 골짝에 내려와 반백 년
내가 뿌린 눈물 싹이 터서
꿈엔 호박넝쿨처럼 휴전선 넘소

행여 그 넝쿨손 자르지 마소
그게, 여기말르 마카 내 명줄이다카이

천둥 치듯 너나 없이 눈 똥에 호박씨나 뿌려 흙 덮으면
그 싹들로 푸릇푸릇해지는 내 농사
그게 다 자꾸 넝쿨로만 뻗어 오르오
그 넝쿨 타고 내려오는 "안녕하시라요"라는 말
한결 내 귀를 열게 할 뿐이오

다까도리 세이샨*

삼백여 년만에 팔산에 와서 고향 같다고 말하네

그릇 굽던 터에 앉아서
아득히 불 타는 소리 보네
유약 흘러내려 푸르게 빛나는
마음자리의 하늘도 듣네

임진왜란 때 왜장 구로다가 그녀의 조상들 훔쳐갈 때
미쳐 챙겨가지 못한 것들이네

*高取靜山 : 임진왜란 때 끌려간 한국인 명도공 다까도리〔八山〕의 후예. 한 때 고령군 운수면 팔산리에 있는 옛 도요지를 둘러 보았다.

고령 현대사

해방 이후 남로당에 직·간접적으로 연루되었거나 관리 또는 경찰 등에게 '밉보여서' 국민보도연맹에 가입되었는데 그 중 80%는 좌익과 무관한 사람들로, 국군 17연대에 의해 회천교(금천교) 강변에서 사살되었다." "백사장에 구덩이를 3개 정도 파고 100여 명 이상 학살했다." "여자와 미성년자도 포함되었다." "운수면 화암금굴에서도 비슷한 시기에 30여 명이 학살되었다. 고령군 전체 희생자수는 200~300명에 이른다.*

밉보인 세월이여, 밉보인 고령의 현대사여. 피비린내의 회천이여.
왜 온통 사랑이라면서
미움으로만 저질러졌을까?

*『고령의 현대사』(고령문화원, 2014년) 중 '고령국민보도연맹 사건'에서 인용

4

구 시첩

대가천 1

양지꽃과 노랑제비꽃의 내 마음 한 구석에서 뽑아내어 내다 말리는 강이 희푸르다 너한테로 가는 길을 놓쳐도 이 강가에 널 부려놓고 싶다

대가천 2

—은어 낚시

나는 은어를 본다
물의 힘줄 속에 그것들의 길이 있다
물의 힘줄을 은어들이 당겨 강이 탱탱해진다

나는 은어를 본다
강의 힘줄이 내 늑간근에도 느껴진다
그 밖에 중요한 것은 없다

나는 은어를 본다
언어에 기대어서
이건 물론 중요한 게 아니다

누가 강의 힘줄을 풀어놓느냐
강에는 은어가 올라와야 한다
그 밖에 중요한 것이 도대체 무엇인가

대가천 풍경

포크레인 자국의 침울한 웅덩이들
내버린 마음들 파랗게 언 물에
나무 하나 비치지 않는다

지난여름 큰물이 옮겨다놓은 시멘트 구조물은
도대체 엎드려 제 속의 모래만 궁구한다

바람이 모래를 쓸어대어서
냇물의 추억마저 쌓지 못하고 흩트린다

강을 버린 다음부터는
지난여름 벌거벗었던 사내들의 몸을
이곳 여자들은 이제 깨끗하게 기억하지 않는다

대가천

가야산은 물 속 거꾸로
하늘 펼쳐 솟아있고, 피라미들 진달래꽃 사이로
날아간다, 쇳가루와 비닐 조각들 실어오는 황사 바람 속,
폭음 터트리며 몇 대의 비행기들은 물 밑을 지나가고.
제비꽃 옆 자갈들에 찢기는 신문지. 큰 사건들 흩어져
모래밭에 묻히고
냇물에 흘러가며 졸졸거린다.

가야산 동쪽 구비쳐내려
고달픈 낙동강에 흘러든다, 가천물,
지금은 폭 좁아지고, 청산가리 풀고 전기 꽂아넣어
피라미 씨 마르고, 온갖 논물 강에 흘러들어
농약에 우렁이들 빼들어지고.

우리 엄마 날 팔았던 물터, 고요하다

가야산 그림자 지고. 남쪽바다 용왕
홍수 때면 올라와 살던 곳.
풍악에 열리던 속들 굳게 닫고
자갈들 많이도 읍내로 대구로 실려가버렸다.

저꾸만 솟아올라 깊이 드러나
이제는 아무도 자식 팔지 않는 물.
모든 어머니들의 꿈들만 상류 거슬러 치달을 뿐
저 물에 가야산 소식 틈틈이 끊어진다.

회천에서

대가천과 안림천 만나 은근히 회천會川* 된다
마음 트면 꿈의 강폭도 넓어진다며
돌아보면 멀리 두 물의 근원인 가야산 푸르게 불탄다

대가천과 안림천 배배꼬여 원무圓舞로 은근히 회천 된다
그 물목 늘 어지러운 만남 의식儀式으로 질펀하다면
그 합친 힘이 바로 홍수 이루고 갈대밭 키우는 게다
대가야 옛 꿈도 그렇게 피어올랐다

대가천과 안림천 만나 이룬 들 둥더꿍 풍악 일 듯
세상일 절로 강강수월래로 엮이고 풀린다며
모두 한 이름으로 굼실굼실 큰강 이루어 왁자지끌해진다

그래, 고령 사람들 무슨 일이든 멱살잡이로 엮이더라도

끝내 악수 화해로 나가므로
대가천과 안림천 만나 흔쾌히 회천 된다

*고령의 젖줄 대가천과 안림천은 고령읍에서 만나 회천〔會川〕이란 이름으로 낙동강에 든다.

화암벌 1

눈 내리고 멀리 가까이 땅 속으로 난 물길들 내 마음 아래 그대로 흐르고, 그 길에는 이미 봄빛이 아롱져 있다 지난가을 달개비가 닫은 들녘의, 모든 것들이 얽힌 풀뿌리 아래 내 환한 그림자의 뿌리도 한결 뻗는다

화암벌 2

함박눈은 산에서 마을로 난 길을 덮고 마을에서 들로 난 길을 지운다 그러면 내가 산에서 마을 쪽으로 산토끼의 길과 나란히 난 그대와의 길을 수줍게 새로 찾아내고 싶다 마을에서 들로 난 아버지의 길을 싸리빗자루로 눈을 쓸어서 더 희게 되찾고 싶다

아버지 1

후생後生 업은 채 아득히,
미래로만 물 건너던 부정父情

배암뚝산 아래로
구불구불 피난 가다 몸 숨긴 보리밭에서
목 마르다며 우는 날 들쳐 업고
냇물처럼 번쩍였지

다리 걷어 부치고 대가천 건널 때마다
아이인양, 업히고파서 두리번 불러보는

아버지!

갈대처럼 온몸 불며,
강 건너 쪽에서 날 부르는 이 있음을
나는 여전히 제대로 볼 턱이 없지만

아버지 2

요런 돼지 새끼*가
어느 다릿걸에서 주워왔길래
밤이면 용케 다리 오므리고 자노?

그렇게 날 놀려가며 치슬대던
아버지, 평생 일구던 논도 콩밭도 팔고
이 도시로 왔지.

얼굴이 평생 하얬지.
그런 흰 건축가가,
평생 남의 집만 지었지.
옳게 늙지도 않은 채 죽었지.
죽은 얼굴이 더 하얬지.

나는 지금 혼자
여전히 어디서 난 줄도 모르고
뉘 집에 세 든 고아로 사는 듯.

*나는 돼지띠(1947년생, 호적상으로는 1948년생)이다.

또다시 가야산에서

가래잎나무, 물푸레나무, 엄나무들의
뿌리 사이 검은 흙들 부드럽다. 물기에 젖어
돌을 녹이고, 깡통들을 녹여 흙은 스스로를
한없이 넓혀 놓는다. 물줄기 곤두박질하는
홍류동계곡의 물소리에 모든 풍문들 씻어보내면
바위에 새겨놓은 이름들과 시들, 물과 바람과 어둠과
비에 닳아간다. 물소리 흙 속에 스미며
비닐과 수은, 철제 부스러기들의 귀를 먹이고
흙들 그것들 감싸안고 얼리고 녹이며
봄과 여름 또는 가을을 가리지 않고
초목들의 끝가지까지 물에 실어보낸다.
마침내 봄 하루의 바람, 물소리와 바위와
흙 밑에 얽힌 모든 뿌리만의 것인
가야산.

가야산

계류와 더불어 칭얼대며 내가 숨긴 길. 동굴의 숲가엔 얼레지꽃들이 고개 숙인 채 나의 그림자를 응시한다.

그 짧은 생애들의 외롭고 강렬한 눈길 따돌리며 산등성이에 올라서자 조릿대숲이 앙칼지게 울며 열린다. 큰 바람이 내 욕망을 뒤집느라 웅성거린다.

아직 집에 가고 싶지 않다.

바람의 칼날이 조각하다 부러뜨린 나뭇가지 끝에 간밤에 눈이 얼리고 간 내 꿈이 싹트고, 산정에서 뒤엉키는 내 마음의 사나운 구름.

5

나의 기적에 천둥소리를 내며

토끼

산비탈 내달아
오르는 회색의 저
강인한, 비타협적인
다리

눈이 빨간 게

조심스럽게 내 고향 뒤적이다

나의 기척에 천둥소리를 내며 저만큼 뛰어가 힐끗 돌아보고는
숲 속으로 사라져버린다

때로 박은朴誾*을 읽는다

정처 없으면, 잠시 머무는 삶이
뒤란마저 댓닙 낱낱이 바람에 설레어서
서로 부딪쳐 찬 시를 읊네

그래, 다시는 벽 비출 등불 없으니**
고향 가는 꿈길조차 어둡네

참혹한 세월 견디는 모진 그리움이여

정처 없으니
왜 술이 좋은지 물어 가슴 속 덩어리 만지는 이***의
어찌 그 안으로 내몰린 말조차
끓어오르지 않으랴

*박은(1479~1504) : 고령 용당촌에서 출생. 연산조의 대표적 시인으로, 연산군의 폐정을 논하다가 동래로 유배되어 26세로 효수되었다. 사후 친구 이행에 의해 시들이 수습되어 『揖翠軒遺稿』가 출간됐다.

**박은의 시 「曉坐」, '更無燈照壁'

***박은의 시 「霖雨十日門無來客……」에 '此物有何好 端爲胸崔嵬 : 이 물건(술)이 좋다니 무엇 때문일까, 아마도 가슴 속에 덩어리가 있어서겠지'란 구절이 있다.

바람의 숲

*

비 뿌리는 새벽의 비탈. 상수리와 물푸레나무는 우레를 예감하며 몸을 뒤틀고, 새와 짐승들 자지러지는 바위 벼랑에서 바람은 그리운 마음의 삭정이들을 부러뜨린다.

*

버린 마음들 뒤지며 골짜기로 내려간다. 폭우가 모든 길들을 파헤쳐 연다. 상수리 잎새 훑는 바람의 오솔길에 새와 짐승의 길들이 더러 죽어있다. 바람 소리는 깊은 골짜기에서 소용돌이치며 젖은 걸 말리며 모든 길을 되돌리려 안간힘 한다.

*

큰 바람 잦은 바위 가로 오소리의 길이 잠시 멈추었다가 싸리나무 숲을 돌아 소나무 뿌리들 얽힌 비탈로 이어진다. 싸움을 향한 밥을 향한 길이 또 무수히 환하게 겹친다.

*

햇빛은 초록 그물로 일렁이며 어둠을 더욱 깊이 파고 상처를 딱지 앉게 하며 그 속에 슬어놓은 알들을 깐다. 그리운 마음이 흘러나오는 숲의 어딘가 돌에 부딪치는 물 소리가 왈칵 폭포로 쏟아지기도 한다.

6

깎은 장승이 또 일어서네

봄 비탈

알터* 지나서야
대가야 옛 마을

장승들 두 눈 부리부리 검문하지만,

그 대꾸인 양
한결 순하게 씨 뿌리는 이들 있다

할머니의 할머니의 할머니 적부터 때던
군불자리

보리밭 바람 들볶는
햇빛 소리로
여전히 뎁혀진다

*고령 대가야읍 장기리에 있는 암각화

처음 사랑

처음엔 크게 통한 듯 크게
처음 통한 듯

해 먼저 비치는 봉우리 그 푸른 바위 딛고
이비가가 하늘에서 내려왔지*
가야산신 정현모주가 그에게 정을 내어 치마 들썩였
지

맘 통하면 해가 늘 저 아래서 떠올라선 숲으로 들
듯
정현모주는 항아덤에 풀잎 깔고 이비가 이끌었네
또는 하늘의 구름이 부추겨서
가야산이 끓어올랐지

하계의 꿈이 그렇게 잉태됐네
가야산 돌들 우뚝우뚝 서서 우르르르
저 아래 내려갈 계단을 만들었네
이비가는 구름 뚫고 다시 하늘로 올라가고

정현모주는 힘 주어 치마 부풀려 아이 둘 낳아
계단 아래로 내려보냈네

내려가는 계단이 바로 올라가는 계단이라서
여기 사람들 지금도 오르락내리락하며
제때 아이 받아 키우며 사네
전쟁 땐 그 계단으로 빨치산도 내려왔고
그 보다 오래 전엔 수많은 경經들도 저다올렸네
때때로 숨은 사랑 찾아서 산 헤매는 이들 여전히 있네

*대가야국 건국 신화가 전해온다. 가야산신 정현모주〔正見母主〕와 하늘의 신 이비가가 감응하여 두 아들을 낳았다. 대가야왕 뇌질주일과 금관국의 왕 뇌질청에, 곧 이진아시왕과 수로왕이다.

멀굼댁

가야산 겹겹 흰 속옷 겹겹 치마 들치고 나와
햇빛 먼저 받은 몸 지신 밟으며
하늘 아기가 내려왔네

지신지신 지신아
가야 연봉 산신아
구름 수레 타고서
내려오는 하늘신
맞이하라 산신아
사뿐사뿐 나온다
동동 걸음 달린다
옥수 물에 목욕재계
뭉게구름 신방 꾸며
실구름이 동여매고
지화자 무슨 경사
가야 건국 경사라
잡귀 잡신은 물 알로
만복 태평은 이리로*

그 아이들 지금도 내려오네
해 먼저 드는 곳에서 밝은 빛으로 내려와 들어
우리 멀굼댁 아지매 배가 가야산 만큼 부르네

멀굼 아제 밤마다 그 배 문지르며
딸기 꽃 피는 비닐하우스 안처럼
뜨신 군불 배 안으로 밀어넣네

아이구 숭스러버라
멀굼 아제 쌍둥이 낳아
대가야국을 또 일으키려 하네

*고령 지역에서 불려지는 지신밟기 노래의 한 구절

장승제祭

머리에 수건 매고 양손목 새끼줄로 동여매고
허리끈엔 대나무 가지를 꽂았네

장승님이 이 들판 일으켜 세우셨느니
그 앞, 사람들 길 이리저리 얽혀도
길가에는 민들레꽃 별처럼 흩어지고
우리 두 손 모아 비는 하소연도 수시로 들판 감돌아
와
댓가지 흔드네

가다가다 비 나리고
모진 바람 막아주소
금년 농사 풍년 들어
뒷집 총각 장가 들어
벼알처럼 열게 하소

어허, 그러나 풍년 들면 무엇하나
처녀들 총각들 도시로 내빼고

노인들 자지만 쭈그러들었네
벼 푸대는 농협 창고에서 시들고
자꾸 산 너머 바다 건너서 들어오는 쌀

이월이면 벗은 맨몸으로 이 들판 달리던
농자천하지대본 깃발 든 상머슴은
필리핀 아내 얻었다고 소 위에서 끄덕대고
삿갓 여덟 모서리마다 수숫잎 매달아 쓰고 도롱이
걸친 수총각은
연변 처녀나 기웃거리네
그야 어찌됐거나 다 잘 된 일이라고

특작하는 김서방 잔소리 들어가며
깎은 새 장승이 또 일어서네
녹슨 경운기 소리로 무너지는 하늘을
낫날로 세운 머리로 떠받치고
장승이 멀리 가까이 퉁방울눈 굴리네

주산 2

사는 게 주검 둔은 흙 위의 짓거리라고
그래서 무덤 위로 유독 더 센풀 솟는다고
아버진 성묘 적마다 어린 내게 말씀하셨네

그래, 옛날엔 그 잘난 임금도 죽으면
왕관도 묻고 함께 내려간 사람들 못 올라오게 꽝꽝 흙과 풀의 문 잠궜지만
그 위로 억센 풀 더욱 솟구쳐, 여전히
깊은 하늘 띄워놓네

아버지 묘 찾아 대가야읍 지날 때마다
큰 무덤들로 이룬 산 올려다보네

무덤무덤무덤무덤무덤들
저마다 문 닫아 걸었지만 오랜 세월동안
해와 비와 바람과 푸나무들이 한결 새로 짜올려
봉분들 가야산의 새싹 꽃봉오리처럼 솟아나서
그 기슭마다 비로소 산 사람이든 짐승이든 나비든

돌이든 풀처럼 무성케 하고
  그 많은 이들의 대가야읍내도 지켜내는 것이네

향수 2題

알터 암각화—修溪堂 散稿 5

고령군 대가야읍 장기리에 있는 알터 암각화의 이름은 고령 양전동 암각화다. 이곳은 개진면 양전리였는데, 1986년 행정개편으로 장기리에 편입됐으나, 암각화의 명칭은 그대로 남았다. 1976년 8월에 보물 제605호로 지정됐다. 발견한 이는 양전마을에 살던 조용찬 옹이다. 조옹은 1971년 이 마을의 바위에 이상한 그림이 새겨진 것에 주목, 영남대에 제보했다. 영남대 박물관 학예부는 이 그림이 청동기 후기에서 초기 철기시대의 선사인들이 남긴 그림임을 밝혀냈다.

높이 3m, 길이 6m의 커다란 바위의 남면에 새겨진 그림들은 알 수 없는 기호들로 가득 차 있다. 동심원 형태와 십자형태, 그리고 가면과도 흡사한 장방형의 형태 등이 주로 새겨졌다. 동심원 형태는 네 개. 하나의 원은 3~4중으로 원이 그려져 있다. 이를 두고 알이라느니, 태양을 상징

하는 것이라 말하기도 한다. 가면처럼 보이는 장방형은 열일곱 개나 된다. 각각은 위가 넓은 사다리꼴인데, 위쪽과 좌우에는 털로 둘러싸였고, 네모 안에는 눈과 코, 입, 귀 같은 구멍들이 파여져 있다. 소의 얼굴을 정면으로 보는 것 같다. 그 모양이 확실하지 않으나, 고대의 신상神像이나 제의 때 쓰던 가면이나 귀면으로 보기도 한다. 시베리아의 탈 가운데는 이와 비슷한 모양이 있다고 한다. 그리하여 이 그림은 태양신인 동심원을 중심으로 여러 신들의 모습을 배치한 것이라 말하기도 한다.

고향 가는 길이면 잠깐이나마 이 암각화부터 찾곤 한다. 88고속도로 성산(동고령) 인터체인지에서 내려 국도로 해서 금산재를 넘으면 대가야읍이다. 금산재를 넘기 전에 왼쪽으로 소롯길을 접어들면 양전리다. 양전리에서 개진 논공단지 쪽으로 난 길로 해서 논공단지를 지나면 알터자리다. 암각화는 동네 뒤편 산자락 끝머리에 박힌 돌에 새겨져 있다. 이 지역은 회천 가의 강마을이었을 터인데, 지금은 강안을 메워 공단이 들어서는 바람에 산비탈로 내몰린 느낌을 준다. 암각화 바위 앞에 서면 아득히 가야산 영봉이 눈에 들어온다. 대가야읍이 강 건너 보인다. 옛날에는 금산재를 넘지 않고 이곳으로 해서 고개를 넘어 양전리로 넘어갔다고 한다. 이곳은 말하자면 대가야읍을 드나드는 길목이었던 셈이다.

투박한 돌의 표면에 촘촘히 새겨진 그림들을 손으로 쓰다듬으면 두터운 시간의 두께 위에 내 몸의 가장 예민한 부분이 닿는 느낌이 든다. 이 자리는 어쩌면 고대인들의 제의가 자주 벌어졌던 원시 신앙 터였을 것이다. 단순하면서도 투박하지만, 선들이 힘이 있고, 상징성이 풍부한 것은 고대인들의 기원과 제의의 정신을 솔직하게 표현했기 때문이리라. 숱한 사람들의 마음과 정이 뭉쳐지고 흩어지면서 스쳐갔을 그 그림에 손을 대면 아득한 시간 속으로, 조상들의 숨결이 미세하게 느껴지는 듯한 기분을 맛본다.

이 일대에서 타제 및 마제의 석기 유물들이 꽤 발견되어 먼 옛적부터 조상들의 삶터였음이 짐작된다. 그 시간 인식의 문이 알터인 셈이다. 그런 만큼 거기가 내 고향의 초입이 되는 것이라고 나는 늘, 새삼스럽게 마음에 꾹, 꾹, 여미는 것이다.

고향—修溪堂 散稿 6

고지식한 역사의 구상이거나, 미래로 충만한 추상이기도 한 세계. 생각하면 문득, 아득해지는 저 쪽. 그렇다. 향수는 설움의 저 쪽, 기쁨의 저 쪽에서 펄럭이는 깃발 같다. 푸르스름하게 터진 먼 하늘 쪽 같다. 귀퉁이가 날아간 청자 접시 같다. 군데군데 이들이 나가긴 했지만, 그래도 천 년 전 세월의 빛깔을 푸르스름하게 뿜어낸다.

이웃의 밥 짓는 연기 기웃대다 문득 주인의 청함을 받고 들어가 함께 부엌 바닥에 퍼질고 앉아 발그레하니 군불을 쬐던 곳. 문전옥답 가 하늘 담긴 웅덩이 거울을 작은 돌을 던져서 깨뜨리던 곳. 환하고 그윽한 기억들의 곳간. 은어처럼, 늘 거슬러 올라갈 상류의 세계.

본적지이자 태생지임에 고향은 나의 모습을 꼭 맞추어 볼 수 있는 모본模本이 숨겨져 있는 곳이다. 아버지와 할아버지의 아버지와 할아버지가 묻혀 있는 곳. 골 깊은, 간절한 정을 묻어놓은 그윽한 품 안. 그 고구故丘의 산천은 얼마나 푸르렀던가? 벽향僻鄕이라 해도 그대로 곧장 품을 열어놓은 귀향의 꿈 터! 거기서 내 생을 마감하면서, 동시에 많은 것들을 다시 떠나보낼 수 있기를 희망한다. 그러나 곧장 되돌아갈 수 없는, 언제나 "이다음에는 꼭"이라며 예정을 미루어두는, 쉬 안길 수 없는 엄마의 서러운 품속 같은 곳! 언제나 잘난 낙향을 꿈꾸지만, 어깻죽지 상한 학처럼 쓸쓸하고 초라해도 다 받아줄 너그러운 품임을 확신한다.

생각하면 늘 아득해지는 저 쪽! 그래, 그래. 감 따는 장대 끝만큼 하늘이 높았던 곳. 여전히 대추 열매 떨어지는 소리 천둥 같고, 그 아래 아이들 소리 왁자지껄한 곳. 분꽃 피는 저녁의, 엄마들이 환하게, 어스름 속 붐비는 아이들 부르는 곳.

만인시인선 51

다시 고령을 그리다

초판 인쇄 2020년 5월 10일
초판 발행 2020년 5월 15일

지은이 / 이 하 석
펴낸이 / 박 진 환

펴낸 곳 / 만인사
출판등록 / 1996년 4월 20일 제03-01-306호
주소 / 41960 대구광역시 중구 명륜로 116
전화 / (053)422-0550
팩스 / (053)426-9543
전자우편 / maninsa@hanmail.net
홈페이지 / www.maninsa.co.kr

ISBN 978-89-6349-146-2 03810

값 9,000원

* 이 도서의 국립중앙도서관 출판예정도서목록(CIP)은 서지정보유통지원시스템 홈페이지(http://seoji.nl.go.kr)와 국가자료종합목록 구축시스템(http://kolis-net.nl.go.kr)에서 이용하실 수 있습니다(CIP제어번호 : CIP2020016846).

만/인/시/인/선

1. **이하석** 시집 | 高靈을 그리다
2. **박주일** 시집 | 물빛, 그 영원
3. **이동순** 시집 | 기차는 달린다
4. **박진형** 시집 | 풀밭의 담론
5. **이정환** 시집 | 원에 관하여
6. **김선굉** 시집 | 철학하는 엘리베이터
7. **박기섭** 시집 | 하늘에 밑줄이나 긋고
8. **오늘의 시 동인** | 「오늘의 시」 자선집
9. **권국명** 시집 | 으능나무 금빛 몸
10. **문무학** 시집 | 풀을 읽다
11. **황명자** 시집 | 귀단지
12. **조두섭** 시집 | 망치로 고요를 펴다
13. **윤희수** 시집 | 풍경의 틈
14. **장하빈** 시집 | 비, 혹은 얼룩말
15. **이종문** 시집 | 봄날도 환한 봄날
16. **박상옥** 시집 | 허전한 인사
17. **박진형** 시집 | 너를 숨쉰다
18. **정유정** 시집 | 보석을 사면 캄캄해진다
19. **송진환** 시집 | 조롱당하다
20. **권국명** 시집 | 초록 교신
21. **김기연** 시집 | 소리에 젖다
22. **송광순** 시집 | 나는 목수다
23. **김세진** 시집 | 점자블록
24. **박상봉** 시집 | 카페 물땡땡
25. **조행자** 시집 | 지금은 3시
26. **박기섭** 시집 | 엮음 愁心歌
27. **제이슨** 시집 | 테이블 전쟁
28. **김현옥** 시집 | 언더그라운드
29. **노태맹** 시집 | 푸른 염소를 부르다
30. **이하석 외** | 오리 시집
31. **이정환** 시집 | 분홍 물갈퀴
32. **김선굉** 시집 | 나는 오리 할아버지
33. **이경임** 시집 | 프리지아 칸타타
34. **권세홍** 시집 | 능소화 붉은 집
35. **이숙경** 시집 | 파두